묵정밭

김권호 시조집

오늘의문학사

묵정밭

‖ 김권호 시조집 『묵정밭』 추천사 ‖

절실한 감동을 생성하는 사랑의 길

김권호 시조집『묵정밭』을 읽고

문학평론가 리 헌 석
사단법인 문학사랑협의회 이사장

1.

    십리 길 신작로를 바람같이 내달렸다

    선물 담은 배낭끈이 끊긴 줄도 모른 채

    사립문 까치발하신 어머니만 보였다.

        —「어떤 귀성(歸省)」일부

김권호 시인이 형상화한 사모(思母)의 정서에 가슴이 먹먹해집니다. '귀성(歸省)'이라는 제목에서 우리는 '설' 혹은 '추석' 명절을 떠올리게 됩니다. 타향에서 공무원으로 봉직하고 있던 시인이 어느 명절을 맞아 선물을 배낭에 담은 채 십리 길을 달려 고향집에 이릅니다. 그때 어머니는 이미 사립문을 열고 까치발로 아들을 기다리고 계십니다.

초장과 중장을 도치(倒置)시켜 급박한 상황과 안타까운

정서를 극대화한 것은 시인의 특별한 배려로 보입니다. 특히 어머니의 기다림을 간명하게 묘사하여 절실한 감동을 생성한 것은 김권호 시인만의 특별한 '예술적 달란트'라 하겠습니다.

2.

일제 압박에서 벗어나 맞은 '광복'과 공산군의 침략으로 민족 전쟁인 6.25를 지나면서, 우리 겨레 대부분의 삶이 간난신고(艱難辛苦)를 거친 것처럼, 김권호 시인의 성장기 역시 고달픈 세월이었을 터입니다. 7세 되던 해에 부친께서 별세하시고, 홀어머니 슬하에서 성장하였지만, 그는 노력하여 공무원으로 봉직합니다.

뜻한 바 있어, 공직에서 명예퇴직한 그는 '인터넷 쇼핑몰' 사업에 뛰어들지만, 시기가 무르익기 전이어서인지 사업을 접어야 했습니다. 앞서가는 사람들이 항용 그렇듯이 실패를 맛본 그는 소소한 생활을 영위하면서 문학창작에 입문합니다. 필명 '김유성'으로 2008년 《문학사랑》에 시를 응모하여 '신인작품상'을 받습니다.

등단한 후 시창작에 힘써 2012년에 1시집 『수남마을 이야기』, 2017년에 2시집 『더덕, 꽃피다』를 발간합니다. 이와 함께 대전 지역 문학단체의 중추적 인물로 봉사합니다. 대전동구문학회 사무국장, 한밭소설가협회 사무국장, 한밭

아동문학가협회 총무이사, 문학사랑협의회 운영이사 등으로 단체의 어려운 일을 짊어지고 걷습니다.

3.

주변을 정리하면 코로나 이기려나
굵은 땀 흘린 결과 묵정밭 말끔한데
내 마음 무성한 잡초 어느 날에 없앨까

― 「예초 작업」 전문

김권호 시조집에는 코로나에 관련된 작품이 여러 편입니다. 전염병 코로나가 제재(題材)인 작품, 코로나를 극복하기 위해 지켜야 할 일들, 코로나의 사회적 영향 등이 시조와 동시조에 담겨 있습니다. 코로나를 예방하기 위해 손을 잘 씻고 주변을 정갈하게 청소하는 것처럼, 예초기로 묵정밭의 잡초를 말끔히 정리한 것처럼, 그는 내면의 잡초를 말끔히 없앨 궁리에 이릅니다.

중요한 것은 종장의 '키워드'인데 비유로 정리되어 있습니다. 예초 작업으로 묵정밭의 잡초를 없애듯이, 시인 내면에서 자라고 있는 '갈등'이나 '번민'으로 비유되는 〈내 마음 무성한 잡초〉까지 지울 수 있겠는가, 자문(自問)하고 있습니다. 이러한 자문(自問)은 자답(自答)과 함께 궁구되는 것이매, 이미 터득되어 있게 마련입니다.

4.

시집을 두 권이나 발간한 시인이 우리 겨레시 창작으로 선회한 것은 참으로 귀하고 어려운 결정일 터입니다. 이 길이 환하고 아름답기만 한 것은 아닐 터, 그런데도 이 길을 선택한 것이어서 더욱 뜻깊습니다.

김권호 시인은 시조 「꽃길」의 둘째 수에서 <가시밭 험한 길도/ 그대와 같이하면/ 슬픔은 반이 되고/ 기쁨은 배가 되리/ 연분홍 꽃길이라도/ 사랑 없인 못 간다>라고 내면을 확인하고 있습니다. 사랑이 있다면, 가시밭 험한 길이라도 동행할 터이지만, 사랑이 아니라면, 연분홍 꽃길이라도 동행할 수 없다는 뜻입니다.

이러한 형상화는 다의성을 확보하게 마련입니다. 그가 병고에 시달리는 아내를 전심전력으로 돌보는 데 그에 대한 유추, 시조 창작 조건이 자유시에 정형성을 추가해야 한다는 의미, 기독교 교인으로서 사랑이 가장 소중하다는 신심(信心) 등으로 보입니다. 그러하매, 그가 걸어갈 '사랑의 길'을 박수로 기대하는 소이연(所以然)입니다.

차례

추천사_문학평론가 리헌석　　004

제1부 **참빗**

올갱이국	016
파종	017
꽃창포	018
고드름	019
설빔	020
묵정밭	021
어떤 귀성歸省	022
참빗	023
가마솥 불 때던 날	024
묵은지	025
송홧가루	026
가을무우(김장 하던 날)	027
냉이된장국	028
양로원 면회 가던 날	029
전복	030

제2부 패랭이 꽃

패랭이 꽃	032
무궁화(위안부 할머니를 추모하며)	033
꽃길	034
폭염	035
노을 타는 거리에서	036
연산홍 피면	037
이팝꽃 피는 계절	038
가을꽃	039
예초 작업	040
매실 밭에서	041
가지치기	042
목련 피던 날	043
꽃에 대한 단상	044
억새의 노래	045
동백꽃	046

제3부 가라지

비트 차	048
새벽 산	049
두부	050
허수아비	051
대게	052
귀향	053
생수生水	054
오십견	055
골든타임	056
셔츠 벗기	057
가라지	058
빈틈	059
나무 위에서	060
디딤돌	061
타협과 양보	062

제4부 **마산 마을**

연꽃 마을에서	064
만추	065
전망 좋은 곳	066
슬픈연가 촬영지	067
마산 마을	068
신선바위의 봄	070
겨울 대청호	072
무인도	073
황포돛배	074
초정리에서	075
한산섬에서	076
추풍령	077
고하도에서	078
핏발 서린 호통(계백장군 유적지에서)	079
정지용 문학관에서	080
월영산 출렁다리	081
월류봉에서	082
부소담악芙沼潭岳	083

제5부 **아기 고양이**

수국	086
장미와 백합	087
고추밭에서	088
국화	089
돼지감자 캐는 날	090
아기 고양이	091
까치야	092
봄눈	093
봄꽃	094
해바라기	095
억새꽃	096
봄 마중	097
들 고양이	098
냉이	099
봄소식	100
망초꽃	101
이팝꽃	102

제6부 **코로나**

미세먼지	104
한산도	105
방한화	106
아빠 힘내세요!	107
산수유꽃	108
비 오는 날	109
복사꽃 피다	110
나무 사랑	111
아빠 별	112
천리포 수목원	113
만리포에서	114
느티나무	115
코로나	116
봄꽃을 기다리며	117
달기 약수	118
봄꽃은 피었는데	119
보라섬	120
詩作 NOTE	121

묵정밭

김권호 시조집

제1부
참빗

올갱이국

경칩이 슬그머니
상머리에 앉았다
상큼한 아욱 향기
된장 속에 녹아들면
입안에 피어오르는
봄빛 금강 물안개

맵기도 하련마는
굵은 땀 흘리며
이 없는 노 권사
맛있게 잘 드시네
생전에 어머니 모습
희뿌옇게 어린다

(주)올갱이 : 다슬기의 충청도 방언

파종

날 두고 떠나가는
무심한 세월아
헛되게 수고하고
씨 뿌릴 거 없구나
꽃배에 시 한 수 싣고
꽃놀이나 갈 거나

단비에 목축인 땅
이른 새벽 찾아가
옥토에 뿌린 씨앗
배신하지 않으니
세월을 원망 않고서
나의 밭을 가꾸리

꽃창포

뽀송한 손목 잡고
실개천 건너서
송홧가루 날리는
저수지 들어서면
양편에 마주한 관객
환호하며 맞이해

영원히 변치 말자
손가락 걸면서
조그만 앞가슴에
한 아름 안겨줬던
아련한 꽃창포 향기
취해보는 귀향길

지독한 꽃샘추위
혹독하던 봄 가뭄
피땀으로 버티면서
꽃망울 피웠으니
시들어 떨어지기 전
얼굴 한 번 보고파

고드름

추위가 깊을수록
잘 자라는 너를 보며
꿈 너머 그려보는
남녘 들판 보리밭
모처럼 대한(大寒) 추위에
단단해져 가겠지

어지럽고 엽기적인
난장판 같은 세상
똑바로 보지 못해
거꾸로 달렸구나
눈귀를 깨끗이 한들
맘보다 못하리

설빔

눈 오는 십 리 길로
대목장 가는 날
아침밥 거른 채
사립문 밖에 숨어
엄마가 나오기만을
숨죽이며 기다렸다

가마니 판 돈으로
사다 주신 설빔 한 벌
이웃집 향순에게
자랑하고 싶어서
휘파람 신나게 불며
개선장군 되었다

향긋한 냄새 묻혀
밤잠을 설쳤으나
어머니 피땀으로
옷 한 벌 장만한 줄
철없던 그 시절에는
생각하지 못했다

묵정밭

묵정밭 풀섶에
부러져 잠든 호미
햇볕에 찌들이고
긴 세월에 녹슬었네
호미만 남겨두고서
어느 나라 가셨나요

새벽별 뜰 때 깨어
밤이슬 올 때까지
묵정밭 일구시던
어머니 그 거친 손
오 남매 길러내느라
지문마저 닳으셨소

쉰둘에 홀로 되어
구름과 벗을 삼고
허리 끈 동여 매며
오기로 버틴 세월
뻐꾸기 장단에 맞춘
콧노래가 그리워

어떤 귀성歸省

십리 길 신작로를
바람같이 내달렸다
선물 담은 배낭끈이
끊긴 줄도 모른 채
사립문 까치발하신
어머니만 보였다

꼭두 잠 깨어나니
설날이 코앞인데
어머니 없는 고향
옛 벗들 떠난 마을
남녘 행 뜬구름에게
설운 안부 전한다

참빗

샴푸는 고사하고
비누도 귀한 시절
정성껏 빗겨주신
어머니 참 빗질은
어둠을 씻어내리는
한 줄기 소낙비

남의 집 둥지 틀고
이간질 일을 삼던
가랑니 한 놈까지
말끔히 빗기시면
역겨운 머릿속으로
스며드는 솔바람

가마솥 불 때던 날

잠자던 검정 솥이
모처럼 깨어난다
매운맛 눈물짓고
밤잠도 설쳤지만
도가니 구수한 맛이
피곤함을 달랜다

뒤늦은 코로나에
일상이 멈춰 서고
수년간 쌓인 피로
적신호 켜졌으니
이쯤에 잠시 쉬면서
재충전을 해야지

아들의 깊은 마음
가슴이 먹먹한데
군고구마 노란 속살
서로에게 먹여줄 때
늦가을 마실 온 햇살
포근하게 비춘다

묵은지

서산에 해지도록
딱지치기 늦둥이가
꿀보다 더 달게
먹어치운 늦은 만찬
밥상은 소박하지만
정이 넘쳐 흘렀다

입맛을 잃은 날엔
묵은지 찢어 얹은
어머니 가마솥 밥
아련히 떠오르면
헐거운 무명 치마에
목 놓아 울고 싶다

송홧가루

뻐꾸기 장단 맞춰
넝쿨장미 피어나면
빛바랜 수건에
송홧가루 덕지덕지
장 단지 여닫으시던
그 모습이 그립다

식솔들 돌보느라
세월을 잊으신 체
뒷산의 산 벚꽃이
피고 진 줄 모르셨소
어머니 모진 봄날을
긴 긴 세월 잊었다

가을무우 (김장 하던 날)

무청을 한 입 물고
그 시절로 들어가면
낡은 수건 둘러쓰고
늦둥이 못 미더워
따끈한 무우국 끓인
어머니가 계십니다

찬 서리 이겨내고
마련한 보금자리
동치미 담가놓고
남녘 하늘 바라보며
성성한 흰머리 떨며
불러보는 사모곡

냉이 된장국

고약한 바이러스
단숨에 물러가라
동장군 보다 시린
팬데믹도 이겨내고
노숙자 언 몸 녹이고
허기짐도 때우자

구수한 향기로
멍든 마음 감싸주고
저만치 봄이 오는
향긋한 밥상에서
환하게 웃고 계시는
어머니의 자화상

양로원 면회 가던 날

휠체어 도착 전에
두 팔 벌려 환호하며
쭈글한 볼을 따라
흐르는 그 눈물은
한 백 년 숨어 살아온
훈장이 아닐까

아프지 말라며
입에 침 튀기는데
당신은 뒷전이고
식솔들 먼저군요
베풀던 그 선하심은
남은 자의 몫이죠

전복

새벽길 달려온
남녘의 바다 향기
멍울진 가슴을
위로해 주는구나
지극한 아들 정성에
눈시울이 먹먹하다

제2부
패랭이 꽃

패랭이 꽃

어느 구름 속에
비 숨은 줄 몰랐다
땡볕에 시들면
이슬로 목축이며
불평을 사치로 알고
숨죽인 긴긴 세월

아무도 관심 없이
초라한 모습으로
발길에 짓밟히고
후 순위 밀렸지만
입술을 깨물어 가며
그 날만을 기다렸다

그리던 손님이
꿈길처럼 오는 날
작은 입 곱게 열어
고운 노래 부르면
생채기 어루만지며
깊은 포옹 하겠지

무궁화 (위안부 할머니를 추모하며)

피 냄새 군화 밑에
짓밟힌 청춘이여
수줍은 소녀의 꿈
눈물로 날려도
운명을 뒤바꾸어줄
구세주는 없었다

먼 이역 정글 속에
떨어진 여린 꽃잎
두 눈을 부릅뜨고
입술을 깨물면서
태극기 가슴에 안을
그날만을 그렸다

이제는 방방곡곡
찬란히 피고 져도
한 맺힌 가슴에는
자리할 공간 없네
눈물은 이 땅에 묻고
무궁화로 피소서

꽃길

겨우내 지고 가던
큰 짐을 내려놓고
꽃내음 너울너울
취해서 걸어간다
저만큼 아지랑이가
손 흔드는 곳으로

가시밭 험한 길도
그대와 같이하면
슬픔은 반이 되고
기쁨은 배가 되리
연분홍 꽃길이라도
사랑 없인 못 간다

폭염

자비 없는 불볕 앞에
목 타는 사과 밭
옥동자를 낳기 위한
산고는 힘들어도
저만치 귀또리 노래
너울너울 춤춘다

노을 타는 거리에서

은행잎 옛날 같은
한적한 거리에서
가슴에 묻어뒀던
추억을 꺼내보다
빛바랜 미련 때문에
발걸음을 멈추네

눈물을 삼키면서
돌아선 꽃 한 송이
밤 하늘 별이 되어
또다시 찾아올까
떠도는 이 거리에는
노을만 타고 있다

영산홍 피면

혼자만 외롭다고
슬퍼하지 말아요
수줍게 붉어지던
첫 만남 떠올리며
앉아서 낙심치 말고
힘을 내어 일어나요

당신만 잃었다고
불평하지 말아요
가족을 모두 잃고
재산까지 태웠어도
이웃을 보살피는 이
우리 주변 많아요

영산홍 붉게 피면
벌 나비 찾아오고
뻥 뚫린 가슴에도
꽃바람 불어오면
희망의 세레나데를
그대에게 띄우리

이팝꽃 피는 계절

외투도 못 챙기고
눈길에 떠난 사람
이팝꽃 어우러진
신록의 꿈길 따라
옛일은 그만 잊고서
한달음에 오소서

누룩이 익어가는
시간을 기다려야
그윽한 향기를
맛볼 수 있으려니
조급함 내려놓고서
심호흡을 하리라

어두움 물러가야
새날이 올지니
나에게 주어진
그 길에 감사하며
이팝꽃 그늘 아래서
콧노래를 부르리

가을꽃

한여름 뙤약볕에
구슬 땀 흘리면서
태풍이 몰아칠 땐
깊이 뿌리내린 후
갈바람 불어오는 날
하늘하늘 피었소

봄꽃이 뽐을 낼 때
입술을 깨물면서
한 해가 저물기 전
소담스레 피었나니
잠자리 날갯짓 따라
파란 하늘 날아본다

예초 작업

주변을 정리하면
코로나 이기려나
굵은 땀 흘린 결과
묵정밭 말끔한데
내 마음
무성한 잡초
어느 날에 없앨까

매실 밭에서

이따금 찾았는데
튼실한 열매 보니
보살핌 못해줬던
아들이 목에 걸려
뻐꾸기 노래 찾아서
빈 하늘만 더듬네

둥걸에 걸려 우는
녹슬은 호미 자루
매실주 함께하던
글벗이 생각나서
바구니 내려놓고서
애송시를 읊는다

가지치기

열매가 없는 가지
모닥불 던지우고
풍성한 가지에는
비료를 듬뿍 준다
이 세상 소풍 마친 날
어느 편에 설건가

목련 피던 날

메케한 미세먼지
눈물로 싸우면서
어느 날 터뜨릴까
애타게 그렸더니
조그만 너의 입술이
살그머니 윙크하네

잠시의 여유마저
배려 받지 못하고
용서와 화해를
잊고 살던 시간들
오늘은 너의 품에서
마음 놓고 자고 싶다

꽃에 대한 단상

시들고 난 후에야
예쁜 줄 알았다
곁에 있어 몰랐다
늘 볼 수 있어서
떠난 후 텅 빈 공간이
이다지도 클 줄을

귀한 줄 몰랐다
항상 곁에 있어서
긴 겨울 지난 후
이제야 깨닫는다
절절한 기다림이 있어야
기쁨이 크다는 걸

억새의 노래

장마와 폭풍우는
하체를 단련하고
팬데믹 질병으로
면역력 키웠으니
고난과 역경을 넘어
하늘에게 감사하오

새하얀 고운 솜털
지친 그대 만져주고
칼바람 심술 앞에
벌거숭이 될지라도
새 생명 피는 날까지
깊은 잠에 빠지겠소

동백꽃

떨어져서 누워도
아름다운 꽃이여
걸어온 길 부끄러워
그리도 붉은지요
눈보라 이긴 그대를
안아주고 싶어요

제3부
가라지

비트 차

피눈물 흘리면서
채칼에 찢기우고
땡볕에 부대끼며
온몸이 말라갈 때
포기도 생각했으나
오기로 버텼다

상처가 아물 때쯤
단단한 몸이 되고
아집을 내려놓고
끓는 물에 녹아내려
선홍빛 명차가 되어
교자상에 올랐다

새벽 산

우울한 시간들이
꽤 오래 지속되면
안개 낀 새벽 산을
나 홀로 올라간다
세상의 낯선 이름과
떠난 자를 떠올리며

나무와 꽃들의
정담을 들으면서
미명의 새벽 산을
오르고 또 오르면
마음을 뚫리게 하는
신선함이 반긴다

두부

처음엔 쓸모없는
한 알 콩이었지만
맷돌에 부서지고
끓는 솥에 부대끼며
피어날 희망의 시간
그 순간을 꿈꿨다

소금물 이겨내고
밤새워 맷돌 진 후
하얗고 매끄러운
모습으로 변신하여
근면한 새벽 아낙네
벗이 되어 주었다

허수아비

황금빛 들판에서
큰 꿈을 그렸지
화선지 채울수록
갈증만 더해지고
삭풍에 벗겨져 나간
몸뚱이가 서럽다

동면의 시간 동안
지워낸 화선지에
이제는 주저 말고
내 가을을 그려놓고
다시 올 참새 친구를
반가이 맞아야지

대게

붉은 입 악다물고
눈망울 짓물러도
못다 한 이야기는
다음 생에 하렵니다
떠나온 바다 생각에
눈물 거품 품었소

귀향

허랑방탕 자만하던
젊은 날 허상이여
날선 검 같은 자아
쪽배로 보내 놓고
길 잃은 철새 깃털에
온기 한 줌 얹는다

유랑자 뒤틀린 배낭
변방에 내려놓고
꿈에도 그리던
본향에 들어서면
아버지 끌어안은 채
목울음이 뜨겁다

생수生水

타는 혀 적셔줄
신비의 생수 찾아
신발이 다 닳도록
헤매고 다녔으나
하늘 밑 그 어디에도
그런 물은 없었다

원망의 그늘 속에
시들어 가는데
문고리 잠가두고
밖으로만 헤맸구나
해답이 안에 있는 줄
이제야 알았다

마음의 창을 열고
두 손을 내어주니
갈증이 사라지고
생기가 돌아나네
그리운 당신이 주신
사랑인가 봅니다

오십견

짊어진 삶의 무게
견디기 힘들었나
육체적 고통보다
적시는 빈 가슴
어깨가 날개라는데
쉴 때도 되었을까

보람된 삶을 위해
새벽을 내달리고
손수레 끌어가며
촌음을 아꼈건만
창고에 들일 곡식은
가라지가 더 많네

달리기 멈추고서
돌아 볼 타임인지
심호흡 가다듬고
어깨의 힘을 빼자
좁은 길 힘들겠지만
그 끝까지 가겠다

골든타임

나만의 슬픔이라
원망에 젖어왔고
나만의 고난이라
불평을 일삼으며
적다고 불평하면서
감사하지 못했다

잡아야 할 때와
놓아야 할 때를
깨닫지 못하면서
방황의 길을 가도
끝까지 믿어주시던
자애로운 그 손길

세월의 급물살은
멈추지 아니하고
화해의 미소는
기다리지 않는다
어렵게 찾아온 시간
이번만은 살리리

셔츠 벗기

땀 젖은 셔츠를
힘들게 벗었는데
무릎을 구부리니
쉽게도 벗어지네
평범한 이치를 두고
지금까지 고생했다

큰 길만 바라보고
큰 꽃만 쳐다보다
좁은 길 외면하고
작은 꽃 무시했다
한 걸음 물러섰다면
얼마쯤 더 갔을까

가라지

재 욕심 채우기에
혈안이 된 카인의 후예
저주의 가라지가
안에서 활개 친다
어느 때 이르러서야
벗어 날 수 있을까

빈틈

빈틈이 있어야
햇살도 들어온다
채우려 하지 말고
조금은 남겨두자
그들은 삶의 동반자
손잡고 함께 가자

나무 위에서

올라서야 보였다
사람답게 사는 모습
올라가기 위해서
새벽을 헌납했고
처지지 않기 위해서
바닥부터 기었다

흰머리 성성한 채
내려서야 알았다
이웃과 주고받는
차 한 잔의 여유를
막혔던 귀가 열리자
웃음소리 들린다

디딤돌

질병이 괴롭히고
시련이 찾아올 때
나만 겪는 고난이라
원망하고 낙심했다
걸림돌 이라고 여겨
지나가기 빌었다

고난과 역경 또한
예비된 과정인 걸
걸림돌 헤쳐 가며
이제야 깨닫는다
조금씩 농익어가는
내 인생의 디딤돌

타협과 양보

얄팍한 지식이
전부인 줄 알았고
세치의 달변으로
뚫을 줄 알았다
고희를 가까이 두고
이제 서야 알 것 같다

젖은 속옷 벗으려면
무릎을 굽히고
무릎을 굽힌다고
비굴함이 아닌 것을
가끔은 타협하면서
양보하며 살련다

제4부
마산 마을

연꽃 마을에서

정든 땅 수몰된 후
힘들게 정착한 곳
한숨으로 터를 잡고
눈물로 가꾼 세월
노파의 깊은 주름을
억새풀은 아는지

양탄자 낙엽 길을
쉬엄쉬엄 걷노라니
물오리 떼 대청호에
늦가을을 수놓고
연 꽃 향 피는 언덕에
아름다운 시 향연

빈 낚시 늙은 태공
꽁초 물고 조는데
수몰민 저린 가슴
물안개가 달래주고
망향가 잊어버린 몸
위로하는 구절초

㈜ 대청 호반에 있는 작은 마을

만추

수면에 잠겨있는
늦가을 대청 호반
물새를 토해내는
억새밭 벗을 삼아
근심을 내려놓고서
마음속을 비운다

청아한 대금 소리
찻집에서 들리니
황새 바위 전망대에
젖은 발 길 접어두고
오늘은 낙엽이 되어
호반가를 맴돌리

은행잎 깔아놓고
무릎을 꿇고 앉아
잔잔한 물결 위에
반성문을 써놓고서
마지막 비전을 향해
두 팔 벌려 외친다

전망 좋은 곳

상수리 낙엽 길은
어릴 적 회상의 길
눈시울 적시면서
고갯길 돌아드니
바람이 먼저 나와서
두 팔로 안는다

지평선 아스라이
고향 집 초가지붕
지나는 철새에게
안부를 부탁할 때
젖은 몸 내려 쪼이는
자애로운 가을볕

세파에 닳아 찌든
신발을 벗어 놓고
가랑잎 안주 삼아
술잔에 빠져드니
여기가 제2의 고향
뿌리를 내리런다

㈜ 대청 호반 산책길에

슬픈연가 촬영지

낙엽이 가는 길은
우리도 따라갈 길
정갈한 묘지에서
울리는 푸념 소리
꽃잎도 피면 지는 법
욕심 없이 살란다

드라마 촬영지란
명맥만 유지한 채
싸늘한 강바람에
떨고 있는 표지판
보존할 가치가 있는
문화유산 아니던가

병들고 약해지면
사랑도 시들한데
순정을 다 바쳐서
일깨운 귀한 사랑
늦깎이 인연을 위해
세레나데 부른다

㈜ 대청 호반에 있는 영화촬영지에서

마산 마을

비워둔 벤치에는
그 누가 앉으려나
역사의 소용돌이
의연히 버티어 온
조선솔 그림자 하나
턱을 괴고 앉았다

삭풍을 이겨내고
푸른기상 키우며
온후한 죽향(竹香)을
간직하려 애쓴 세월
휘감는 회오리바람
오기마저 앗겼네

계족산 등성이에
짧은 해가 걸리면
호반의 모진 한파
어찌 나려 하는지
허리띠 졸라매면서
서두르는 귀갓길

주) 마산 마을 : 대청호 주변에 있는 작은 마을로
수몰민들이 모여 살고 있으며, 조선솔과 대나무가
어우러진 호숫가에, 벤치가 아름다운 카페가 있다.

신선바위의 봄

혹독한 호반 추위
온몸으로 막아내며
꽃향기 휘날리는
그날을 손꼽았다
벌 나비 반겨 찾아와
기쁜 소식 전할까

복스러운 벚꽃 아래
앙증맞은 진달래
자목련 그늘에서
방긋 웃는 개나리
멥새가 선사해 주는
환상적인 하모니

대청호 수면 위에

여울지는 꽃무늬

후손에게 물려줄

귀한 자산 아닌가

다가올 신록을 향해

이 마음을 보태리

㈜ 대청호반에 있는 봉우리로 호수조망이 좋은
넓고 평평한 바위가 있음

겨울 대청호

'찬샘정' 무릎 아래
외로운 망향 시비
물레방아 보릿고개
아련한 고향 얘기
차가운 물속에 두고
노고산은 말 없네

전망대 이는 안개
맨땅에 주저앉고
넘실대는 물결 속에
옛 벗의 슬픈 초상
긴 세월 말벗 되어준
등이 굽은 소나무

갈대 숲 치고 나온
살 오른 청둥오리
망향가 등에 업고
동분서주 땀 흘리니
숨죽인 두릅 몽우리
만개할 날 꿈꾼다

무인도

잔잔한 수면 위를
사뿐히 건너서
진달래 꽃비 오던
산봉우리 올라보니
뻐꾸기 떠나간 자리
물오리가 앉았다

수몰민 설운 가락
은하수 물들이며
어깨까지 잠긴 채
황사비에 지치면
풀피리 힘차게 불던
그 시절이 그리워

(주) 대청호반 오백리 길 코스 중 냉천마을 앞 호반에 있는 작은 섬으로, 수몰되기 전 큰 산이었으나 지금은 윗부분만 남아 수몰의 아픔을 보여주고 있음.

황포돛배

돛대에 달린 리본
퇴색해 찢겨져도
남몰래 간직한 꿈
기다리고 있을래요
신륵사 밤 풍경소리
아린 가슴 울려도

희망을 품고 간 배
기쁨으로 오는 날
가쁜 숨 몰아쉬며
더운 품에 안기면
절벽을 휘도는 물결
사랑 노래 부른다

배달의 혼이 서린
순백자 가득 싣고
태극기 휘날리며
서해로 출항하면
오성기 굽실거리며
손님맞이 하겠지

㈜ 남한강 신륵사 문학기행

초정리에서

임금의 눈을 씻은
시원한 광천수에
복 더위 찌든 몸을
깊숙이 담가보니
톡 쏘는 레몬 향기가
한더위를 식힌다

욕망을 씻어내고
미움도 씻고 나니
깃털처럼 가벼운 몸
스르르 잠이 온다
이 기분 이대로 품고
아픔 없이 살고파

㈜ 초정리 : 충북 청주시 내수면에 있는 온천 마을

한산섬에서

유람선 갈매기도
점잖게 인사하고
신비한 거북 등대
뱃길을 인도하면
한산 섬 감싸고도는
숙연한 고동소리

대첩문 두 병사의
온화한 눈웃음에
무거운 발걸음
이제야 풀리는데
삼도를 호령하시던
큰 음성이 들린다

수루에 올라서서
한산만 굽어보니
학익진 펼치시던
장군의 북소리가
정쟁만 일삼는 정치
정수리를 때리고

추풍령

준공 탑 꼭대기에
구름도 쉬어가고
청춘을 불태웠던
건설의 일꾼들이
활짝 핀 망초 꽃잎에
나비처럼 떠돈다

휴게소 누각 위에
힘겹게 부는 바람
커피 잔 손에 들고
두 눈을 감아보니
먼 하늘 고향 마을이
꿈결인 듯 보인다

고하도에서

고하도 감싸 도는
괴괴한 갯 비린내
웃고 있는 영정 옆엔
흐느끼는 노란 리본
바람도 고개 숙이며
살그머니 스치네

고철로 변해 버린
세월호 잔해 위로
가슴이 에이는
피맺힌 통곡소리
왜 아니 구했느냐고
소리소리 외친다

뜨내기 가슴에도
목울음 울컥한데
빛바랜 바닷새가
엄숙히 일러 준다
역사를 바꿀 순 없지만
잊어서는 안 된다고

㈜ 목포 앞바다 고하도 세월호 전시장에서

핏발 서린 호통 (계백장군 유적지에서)

치켜든 장검에서
구름이 일어나고
핏발이 서린 호통
바람이 몰아친다
백성의 허탈한 눈물
어찌 두고 왔느냐

우렁찬 말굽 아래
평온한 탑정 호수
선열의 핏 값으로
지켜온 이 강산을
땀 흘려 가다듬어서
후손에게 인도하리

정지용 문학관에서

실개천 돌아드는
툇마루 걸터앉아
향수에 젖은 시심
원고지 울리시다
넓은 벌 동쪽 끝으로
안개 되어 가셨군요

골목길 벽화에는
님의 혼 가득하고
특산품 브랜드는
향수로 대표되니
후손에 길이 물려준
귀한 유산 아닌가

고매한 시상을
흉내라도 내보려고
생가의 이곳저곳
유심히 살피다가
뒤통수 긁적이면서
발걸음을 돌린다

월영산 출렁다리

공포감 잊으려고
구름을 보고 간다
태풍도 이겨내는
장대함에 놀라면서
금강의 5월 훈풍에
막힌 가슴 씻는다

눈 아래 펼쳐진
선경의 무릉도원
인간의 힘으로는
흉내도 못 낼 텐데
값없이 베풀어주신
귀한 은혜 놀라워

팬데믹 주춤하자
몰려온 구름 인파
고요한 산과 계곡
생채기 가득하니
또다시 마스크 일상
돌아갈까 두렵다

㈜ 충남 금산 월영산 출렁다리에서

월류봉에서

구름 위 여섯 봉이
반갑다 인사하고
녹음 속 월류정이
흥겹게 노래하니
팬데믹 짓눌려 있던
먹먹함이 녹는다

제 모습 지키면서
환란을 이겨내고
모처럼 찾아와도
넉넉히 반겨주니
오늘은 근심을 접고
달과 함께 걷고파

㈜ 충북 영동 '월류봉'에서

부소담악芙沼潭岳

한반도 닮은 꼴로
호수에 떠 있는 산
수몰민 눈물로
소금강 빚었으니
적벽이 자랑 왔다가
살그머니 가겠네

물새 떼 자맥질에
잔물결만 이는 호수
파랑새 쫓던 욕심
호반에 내려놓고
꽃무릇 넋에 취해서
손 맞잡고 울었다

(주) 부소담악芙沼潭岳 : 충북 옥천 추소리에 펼쳐진 대청호 비경으로, 한반도 모형을 닮은 약 700m의 병풍바위섬이 호수에 잠겨있다.

묵정밭

김권호 시조집

제5부
아기 고양이

수국

화사한 봄꽃들이
제자랑 열심인데
관심도 갖지 않고
묵묵히 자라더니
뙤약볕 무더운 날에
화사하게 피었다

장미와 백합

장미의 화사함에
고개를 숙였지만
이 악물고 땀 흘리며
순백으로 피었으니
보셔요 벌과 나비님
장미보다 예쁘죠

고추밭에서

고추 모 어린잎은
햇볕에 힘드는데
간밤에 고라니가
얄밉게 따먹었다
할머니 깊어진 주름
어찌하면 좋을까

배고픈 고라니를
탓하면 안 되겠죠
철망을 더 높이며
없어진 싹 새로 심고
뻐꾸기 노래 가락에
아픈 마음 푸셔요

국화

긴 가뭄 견디고
폭풍우도 이겼군요
노오란 꽃잎 위에
취해 잠든 잠자리
찬 이슬 피할 수 있게
고이 덮어 주셔요

돼지감자 캐는 날

눈길도 안 줬는데
이슬 먹고 자랐어요
혹 뿌리 혈관 따라
산새 노래 녹아서
탐스런 뚱딴지 알이
알몸으로 누웠다

고마운 마음으로
정성껏 다듬어서
노환으로 고생하는
할머니 갖다주면
착하다 우리 강아지
덩실 춤을 추겠죠

㈜뚱딴지 : 돼지감자의 별칭

아기 고양이

겁먹은 눈빛으로
외치는 비명소리
엄마는 안 보이고
사람만 모였군요
휴대폰 셔터 소리에
터져버린 울음보

황급히 찾아 나선
느림보 엄마 품에
고개만 들이밀고
엉덩이는 하늘 보네
반기던 까치 형제들
배꼽 잡고 웃는다

까치야

까치야 너는 봤니
이렇게 기쁜 일을
요양원 할머니의
해맑은 웃음에서
위문을 갔던 우리가
위로받고 왔단다

까치야 들어봤니
가슴이 뭉클한 일
이름도 안 알리고
수십 년 남모르게
불우한 이웃을 위한
라면상자 성금을

까치야 너는 봤니
소박한 이웃들을
차량에 깔린 학생
힘 모아 구해주고
모두가 제 갈 길 찾아
사라져 간 천사들

봄눈

아이들 함박웃음
3월의 눈꽃 송이
내년에 오실 때는
조금만 빨리 와요
산수유 여린 꽃잎이
깜짝 놀라 웁니다

봄꽃

똑 똑 똑 누구일까
반가운 손님일까
늦었다 인사하며
살포시 들어서네
어서 와 연분홍 손길
기다리고 있었어

해바라기

장맛비 햇살 속에
엄마가 숨었나요
노오란 시계판이
열심히 따라가네
찬이슬 내리고 나면
아픈 고개 푸셔요

엄마가 일러주신
간곡한 당부 말씀
'욕심을 내려놓고
감사하며 살아라'
이제는 소망 바라기
변치 않고 살래요

억새꽃

한 다발 하얀 꽃을
양팔로 껴안으면
어머니 품 속 같은
보드란 그 느낌에
하늘을 이불 삼아서
꿈나라로 갑니다

봄 마중

오늘은 맑은 공기
하늘도 파랑이네
계곡물 안 차가워
얼굴을 씻고 나니
산수유 어린 꽃잎이
아지랑이 피우네

들 고양이

호숫가 산모퉁이
귀여운 들 고양이
털 무늬 비슷하니
한 형제인가 봐요
과자를 덥석 물고서
꼬리치며 윙크해요

냉이

봄볕이 따스한 날
앞다퉈 태어난 몸
꼬부랑 할머니가
힘들게 캐온 보물
할아범 저녁 밥상에
보약되어 올랐다

봄소식

언제쯤 오려는지
들판에 나가보니
소식도 없었는데
봄나물 벌써 왔네
밥상의 냉이 된장국
봄이 왔다 외쳐요

망초꽃

묵혀진 밭에는
망초 꽃 무성해요
아무도 관심 없고
돌보지 않건마는
꽃동산 만들어 놓고
화사하게 웃어요

이팝꽃

쌀밥 눈 내렸는지
오월이 풍족해요
한 사발 담아다가
할머니 대접하면
강아지 예쁘다 하며
엉덩이 토닥이겠네

제6부
코로나

미세먼지

마스크 답답하고
눈물도 흐르네요
놀이터 못 나가니
책 보며 놀아야지
밖에서 일하는 아빠
나보다 더 힘들걸

한산도

아버지 손 꼭 잡고
한산도 찾았어요
갈매기 반겨주고
거북 등대 안내하니
왜적을 물리치시던
북소리가 들려요

대첩문 두 병사가
반갑게 인사하고
수루에 올라앉아
충무공 떠올리니
나라를 사랑하는 맘
가슴속에 싹터요

방한화

첫눈이 내리는 날
뽐내며 신으려고
아빠가 사다 주신
방한화 아꼈더니
기다린 눈은 안 오고
겨울비만 내려요

아빠 힘내세요!

방호복 입은 모습
너무나 안타까워
조금만 참으세요
좋은 날 올 거예요
아빠를 바라보는 눈
외면하지 마세요

(코로나 방역전선의 아빠에게)

산수유꽃

기나긴 겨울 추위
그보다 더 매서운
코로나 전쟁 중에
꽃망울 터뜨렸다
희망의 꽃향기 따라
사라지면 좋겠네

비 오는 날

병치레 울 엄마는
빗길을 좋아해요
눈물을 감추지
않아도 되거든요
백신아 손수건 되어
엄마 눈물 씻어라

복사꽃 피다

꽃비가 내리는 날
불꽃 되어 찾아온 너
들판을 새빨갛게
폭죽으로 그리더니
돌아온 벌 나비들과
한 몸 되어 춤춘다

나무 사랑

달콤한 열매를
풍성히 얻으려면
정성을 다하여
보살펴야 한다면서
할아범 과수원에서
하루해가 짧네요

아빠 별

일찍이 별이 되신
아빠가 그리워서
생일날 엄마에게
투정을 부렸는데
꿈속에 찾아오셔서
위로하고 가시네

봄이면 꽃이 되고
여름엔 비가 되어
가을엔 단풍 되고
겨울엔 흰 눈으로
울 아가 가까운 곳에
늘 함께 있다고

천리포 수목원

낯설고 메마른 땅
눈물로 가꾼 세월
천국의 정원 되어
예쁜 꽃 활짝 피니
벌 나비 콘서트 열고
어린 손님 반긴다

만리포에서

봄비의 인도 따라
도심을 벗어 나서
갯바람 싱그러운
백사장 들어서니
만리포 사랑 노래비
두 팔 벌려 반긴다

금모래 은모래
은하수 펼친 바다
똑딱선 떠난 자리
모래성 지어 놓고
온 가족 둘러앉아서
뱃노래가 흥겨워

느티나무

녹색 옷 갈아입은
튼실한 느티나무
등굣길 안내하는
고마운 경비 아저씨
따가운 햇살 막아서
그늘막을 합니다

언제나 그 자리를
말없이 지키면서
약한 자 벗이 되어
보호막 해주는 너
나무야 나도 자라면
너의 길을 따를게

코로나

무서운 코로나가
무사히 지나갔다
마스크 없는 세상
참으로 시원해요
감염병 다시 못 오게
미리미리 지키자

봄꽃을 기다리며

동장군 약해지니
봄꽃이 피겠지요
간밤의 깜짝 선물
노오란 산수유 꽃
울 엄마 이 꽃 보시고
어서 기운 차려요

달기 약수

비바람 몰아쳐도
사람들로 가득해요
가족의 건강 위해
먼 길을 달려왔고
지루한 기다림이야
얼마든지 참아요

물맛은 별로여도
영양소 많다 하니
물병에 넘치도록
한가득 받아 가면
할머니 병 치료 위해
귀하게 쓰이겠지

(주)달기 약수 : 경북 청송에서 나오는 신비한 약수

봄꽃은 피었는데

백목련 활짝 피고
벚꽃도 한창인데
울 아빠 얼굴에는
먹구름 가득이네
꽃바람 신나게 불어
근심 걱정 날려라

보라섬

해풍에 찌든 세월

떠나려 애썼건만

어머니 내리사랑

갯벌에 사무쳐서

보랏빛 라벤더 향에

해진 마음 달랜다

㈜ 보라섬 : 전남 신안군에 있는 섬

詩作 NOTE

김권호 시조집

詩作 NOTE

흐르는 세월 앞에 서 있자니 지나간 시간들이 주마등처럼 가슴을 적십니다. 부푼 희망으로 시작한 창작의 길에서, 이제는 어느 정도 눈을 떴다고 생각했는데, 아직도 서툴고 미흡함 앞에서 자신을 다시 한번 돌아보게 됩니다.

2012년 첫 시집을 발간하고 그 들뜬 기분으로, 두 번째 시집을 2017년에 발간하였지만 많이 아쉽고 부끄러운 마음 뿐이었습니다. 조금 더 깊이 사색하고 가다듬고 싶어서 차일피일 미룬 세월이, 벌써 8년이라는 시간이 지나갔습니다.

그동안 세상은 팬데믹이라는 코로나 시절이, 우리의 모든 일상을 송두리째 빼앗아 갔으며, 그로 인한 정신적인 공황이 그 얼마이었는지 상상이 되지 않습니다. 그 와중에 무사히 살아남을 수 있었음은, 주님의 크신 은혜였다고 생각합니다.

칠순을 가까이 하는 시점에 다시 한 번 작품집을 발간할 수 있음에 감사드리오며, 이 작은 작품들을 통하여, 제 자신을 돌아볼 수 있음에도 또한 감사를 드립니다. 아울러 미흡한 작품을 대하시는 독자님들의 너그러운 양해를 부탁드립니다.
또한 작품집이 탄생하기까지 여러모로 지도와 도움을 주신

문학사랑 리헌석 회장님께 감사드리오며, 작품을 지도해주신 김영수 대전문예대학 학장님과 엄기창 한국문학교육연구원 원장님께 감사의 인사를 올립니다. 그리고 늘 옆에서 말없이 격려해준 옆지기 박상아 권사에게 고마운 정을 전합니다. 감사합니다.

1부 참빗 (올갱이 국 ~ 전복) - 15편

제 작품의 시작은 나고 자라던 어린 시절 고향이 모태입니다. 1957년 한국전쟁 이후 어렵고 힘든 시절에, 빈농의 아들로 태어날 적 아버지는 60세였으며, 어머니는 45세이었습니다. 병약한 아버지는 늘 누워있었고, 나이 차이가 많은 어머니가 5남매를 기르면서 집안을 꾸려 나갔습니다. 막내로 태어난 저는 젖이 부족해서 마을 아낙네들의 동냥 젖을 얻어먹었으며, 그로 인해 몸이 왜소하고 늘 병약했습니다.

7세 때 아버지가 돌아가시고, 홀어머니가 가난한 가정사를 도맡아 하는 과정을 보고 자라나면서 그 어머니에 대한 애정이 남달랐다고 생각됩니다. 시 창작이 바로 그 어머니에 대한 그리움에서 시작된 것은 어쩌면 당연한 일인지도 모르지요. 순탄했던 공무원 생활을 마감하고, 본의 아니게 떠돌이 생활을 하면서도 흐트러지려는 마음을 다잡아주고, 다시 일어섰던 힘의 원천이 바로 모성의 힘이 아니었는지 생각됩니다. 아울러 첫 시조집 제명을 '묵정밭'으로 정하게 된 계기이기도 합니다.

묵정밭

묵정밭 풀섶에 부러져 잠든 호미
햇볕에 찌들이고 긴 세월에 녹슬었네
호미만 남겨두고서 어느 나라 가셨나요

새벽별 뜰 때 깨어 밤이슬 올 때까지
묵정밭 일구시던 어머니 그 거친 손
오 남매 길러내느라 지문마저 닳으셨소

쉰둘에 홀로 되어 구름과 벗을 삼고
허리 끈 동여 매며 오기로 버틴 세월
뻐꾸기 장단에 맞춘 콧노래가 그리워
(1부 - '묵정밭' 전문 인용)

어린 시절 바라보던 어머니의 모습은 허름한 몸뻬 바지에 빛바랜 수건을 둘러쓴, 늘 그 모습이었지요. 초등학교에 입

학해서 학부모 모임이 있으면, 나이 들고 허름한 어머니의 모습에 철없이 화를 내고 투정을 부린 적이 한두 번이 아니었습니다. 가족을 위해 자신을 희생하신 그 어머니의 참 내리사랑을 깨달은 것은, 그 당당하시던 모습이 노쇠해지고, 조금씩 손주도 깜박 잊어버리는 치매가 왔을 때가 되어서였습니다.

조금만 더 곁에 계셔주기를 간절히 기도하면서, 늦었지만 작은 효도라도 해보려고 노력하던 시절에, 홀연히 하늘로 올라가신 그 어머니가 그리워, 몇 년간을 가슴앓이 하던 그 마음을 담은 글입니다. 지금은 곁에 계지지 않지만 늘 뒤에서 보살펴주시고 계신다는 안온한 그 마음은 오늘도 여전하며, 글방에 모셔져 있는 영정 사진을 매일 올려다보면서, 하루하루를 힘차게 시작합니다.

2부 패랭이 꽃 (패랭이 꽃 ~ 동백꽃) - 15편

또 하나 제 글의 원천은 소박한 서정성이라고 생각합니다. 어린 시절 뛰어놀던 고향의 들판이 제 글의 시작이요, 함께 뛰어놀던 철부지 친구들이 제 글의 대부분을 장식하고 있습니다. 글공부를 시작하면서 지도해주시는 김영수 학장님, 엄기창 원장님, 그리고 문단에 등단시켜 주신 문학사랑 리헌석 이사장님께서 늘 강조해서 말씀하시던, 시 공부의 기본을 지키기 위해 부단히 노력하고, 수많은 퇴고를 통해 다시 가다듬기를 반복했습니다.

여러 가지 가르침 중에서 가장 중심이 되는 말씀 '시를 쓸 때 읽는 독자가 알아듣도록 쉽게 써라. 공감이 가도록 써라. 그림이 되도록 쓰라'는 말씀을 가슴에 새기면서 그렇게 쓰기 위해 노력했습니다. 특히 자연과 친해지려고 노력하였고, 어린 시절의 추억을 그리되 조금 더 실감나고, 친밀감이 넘치는 글을 쓰려고 노력했습니다.

패랭이 꽃

어느 구름 속에 비 숨은 줄 몰랐다
땡볕에 시들면 이슬로 목축이며
불평을 사치로 알고 숨죽인 긴긴 세월

아무도 관심 없이 초라한 모습으로
발길에 짓밟히고 후 순위 밀렸지만
입술을 깨물어 가며 그 날만을 기다렸다

그리던 손님이 꿈길처럼 오는 날
작은 입 곱게 열어 고운 노래 부르면

생채기 어루만지며 깊은 포옹 하겠지

(2부 - '패랭이 꽃' 전문 인용)

패랭이꽃을 보면서 떠오르는 시상은 수수하지만 깊은 내면을 품고 있는 민초들이 떠오릅니다. 아무도 인정해 주지 않지만 묵묵히 자신의 본분을 지켜가고 있는 평범한 우리 이웃들을 보면서, 어쩌면 이런 모습이 진정한 애국이요, 나라 사랑의 본분이 아닐까 생각해 보았습니다. 남에게 보여주고 싶은 과시욕이 아니라, 순정으로 점철된 우리 선조들의 아름다운 모습을 떠 올리면서, 남은 시간 그렇게 살아가려고 노력하렵니다.

3부 가라지 (비트 차 ~ 타협과 양보) - 15편

이제 칠순을 눈앞에 둔 나이가 되면서, 그동안 살아온 과정을 되돌아봅니다.

즐겁고 환희에 가득하던 순간들도 있었고, 그 순간에는 모든 것을 다 가진 것처럼 들떠서 옆도, 뒤도 돌아보지 못했었지요. 그러나 즐거운 시간은 그리 오래가지 못했고, 고난과 시련의 시간이 더 길게 이어졌고, 어쩌면 지금도 그런 부족하고 아쉬운 시간의 연속인지도 모릅니다. 길다면 길고 짧다면

짧은 여정 중에서, 잘라내 버리고 싶은 순간들이 많았음을 고백합니다. 내 여정의 일기장에서 지워버리고 싶은, 부끄러워서 고개를 들지 못할 그런 순간들을 떠올리면서, 스스로 자책할 적이 많음을 인정합니다.

    귀향
    허랑방탕 자만하던 젊은 날 허상이여
    날선 검 같은 자아 쪽배로 보내 놓고
    길 잃은 철새 깃털에 온기 한 줌 없는다

    유랑자 뒤틀린 배낭 변방에 내려놓고
    꿈에도 그리던 본향에 들어서면
    아버지 끌어안은 채 목울음이 뜨겁다
    (3부 - '귀향' 전문 인용)

    고난과 역경 또한 내 마음속에 있다는 것을 깨닫게 된 것은 그리 오래 전이 아니었습니다. 내 자신의 힘으로, 밖에서만 해답을 찾기 위해 부단히 뛰어다닌 수많은 시간들은, 결국 자신을 황폐하게 만들었고, 그 결과물은 초라했지요. 경제적인 어려움이 왔을 때도 세상을 바라보았고, 가정의 어려움이 닥쳤을 때도 스스로 해결하려고 무진 애를 썼지요. 그러나 해답은 찾을 수 없었고 오히려 점 점 더 어려운 지경으로 빠져들기만 했습니다.

그러나 그 분께서는 저를 놓지 않으시고, 늘 뒤에서 보살피고 계심을 깨닫는 순간, 학창 시절과 젊은 시절에 간직했던 믿음의 뿌리가 그래도 아직은 남아있어서, 뒤 늦은 감이 있었지만 주님의 품으로 돌아갔을 때, 뒤틀리고 헝클어져 있던 실타래가 풀리는 느낌을 받았지요. 불안하던 마음이 평안해지고, 모든 고난과 역경이 사라짐을 체험하면서, 진정한 자유와 평안을 찾게 되었음에 다시 한번 감사를 드립니다. 죽을 수밖에 없던 죄인을 살려주셨으니, 이제는 그 분의 명령대로, 나누고 베풀며, 남은 시간을 알차게 쓰렵니다.

4부 마산 마을 (연꽃 마을에서 ~ 부소담악) - 18편

어렵고 힘든 시절, 그러니까 어느 누구와도 가슴에 쌓인 울분이나 하소연을 털어놓을 수 없을 때, 가족과도 연락을 중단하고 혼자만의 세계로 잠적해 버리던 시절에, 유일하게 넋두리를 받아주는 고마운 산이 있었고, 자연이 있었습니다. 방황의 시절에는 믿음 생활도 못했고, 친구들과도 연락을 중단했기 때문에, 늘 마음이 공허했지요.

우연히 접하게 된 산행에서 공허한 마음을 위로 받았다고 하면 다소 과장이 될 수도 있겠지만, 그 때는 그것이 진실이었습니다. 말없이 나의 하소연을 받아주는 산이며, 물이며, 이름 모를 풀꽃들이 저에게는 참으로 가까운 친구요, 소중한 가족이었습니다.

> 마산 마을
> 비워둔 벤치에는 그 누가 앉으려나
> 역사의 소용돌이 의연히 버티어 온
> 조선솔 그림자 하나 턱을 괴고 앉았다
>
> 삭풍을 이겨내고 푸른 기상 키우며
> 온후한 죽향(竹香)을 간직하려 애쓴 세월
> 휘감는 회오리바람 오기마저 앉혔네
>
> 계족산 등성이에 짧은 해가 걸리면
> 호반의 모진 한파 어찌 나려 하는지
> 허리띠 졸라매면서 서두르는 귀갓길
> (4부 - '마산 마을' 전문 인용)

가끔은 단체로 산행을 가기도 했지만 대부분 나 홀로 산행을 나서는 날이 많았지요. 특히 대청호 주변은 즐겨 찾는 나의 기행지가 되었습니다. 호숫가를 달리면서 맑은 공기를 마시고 주변 산을 오르면, 발 아래 펼쳐진 전경이, 억눌린 마음을 뻥 뚫어주곤 했지요. 준비해 온 도시락을 펼쳐놓고 자연과 더불어 즐기는 오찬은 그저 꿀맛이었습니다.

   무념의 상태로 오랜 시간을 자연과 벗하고 나면, 흐트러지려 하던 몸과 마음이 새로운 힘을 얻게 되고, 돌아오는 귀갓길은 그저 평온하기만 했지요. 그래서 쉬는 날이면 배낭을 메고 산이며, 강으로, 또는 명승지를 찾아 떠났습니다. 그리고 그곳에서 나름의 시상을 가다듬어 작품으로 남기게 되었지요. 넉넉함으로 받아주던 자연이 나에게는 제2의 고향이 된 것입니다.

5부 아기 고양이 (수국 ~ 이팝꽃) - 17편

   제 시상의 한 부분은 동심입니다. 어린 시절의 추억은 늘 가슴을 설레게 하고, 제 삶을 지탱해 주는 한 부분이 되기도 합니다. 누구나 어린 시절은 있게 마련이지만, 저에게는 특히 기억에 남는 추억들이 많이 있지요. 1부에서 잠시 밝혔듯이 가난한 농촌 마을에서 늦둥이로 태어나, 허약하게 자라났지만 소꿉친구들과의 추억은, 칠순이 다 되어가는 지금까지도 또렷합니다.

돼지감자 캐는 날
눈길도 안 줬는데 이슬 먹고 자랐어요
혹 뿌리 혈관 따라 산새 노래 녹아서
탐스런 뚱딴지 알이 알몸으로 누웠다

고마운 마음으로 정성껏 다듬어서
노환으로 고생하는 할머니 갖다 주면
착하다 우리 강아지 덩실 춤을 추겠죠
(5부 - '돼지감자 캐는 날' 전문 인용)

　순수하고 맑은 아이의 마음은 세파에 물들고 찌들은 우리네 마음을, 정화시켜주는 역할을 합니다. 아이들의 마음속에는 근심도 없고, 걱정도 없지요. 오직 부모님에게 의탁하면서 밝게 자라나야 하는 것이지요. 그러나 요즘의 아이들을 보면 안쓰러운 마음이 너무나 많이 듭니다.

　자기 몸무게만큼 큰 책가방을 짊어진 유치원생부터, 초등학교 학생들의 등굣길을 보고 있노라면 한숨이 절로 나오게 되지요. 하교 후에는 이곳저곳 학원에 다니느라 놀이터에서 뛰어노는 아이들이 거의 없습니다. 모두가 어른들의 책임이겠지만 이 나라를 짊어지고 나아갈, 우리의 후손들이기에 더더욱 마음이 착잡합니다. 아이들에게 동심의 나래를 펼칠 수 있는 환경이 무엇보다 중요할 텐데, 그저 마음뿐입니다.

6부 코로나 (미세먼지 ~ 보라섬) - 17편

  2부에서 잠시 언급했습니다만 코로나로 인한 팬데믹 사태는 어른들만의 문제가 아니었습니다. 아이들의 입장에서 바라보고 겪었던 상상하기 힘 들었던, 전쟁과도 같았던 코로나 기간 중에, 동심의 입장에서 바라본 아동들의 마음을 그리기 위해 노력했습니다. 아이들의 가장 큰 터전이던 학교가 무기한 휴학하고, 집에서 가정수업을 하면서 겪었을 많은 갈등과 허망함은, 어른들이 겪었던 것과는 또 다른 그 무언가가 있었을 것입니다.

  아빠 엄마 직장에서는 걸렸다하면 일주일씩 강제 휴가를 가야 했고, 마스크 사기 위해 긴 줄을 서야 했으며, 병원에도 마음대로 치료받으러 갈 수 없는 형편이 아이들에게는 또 다른 고통으로 다가왔을 겁니다. 연일 장례식을 치르는 방송을 보면서, 교회 생활까지 통제받는 사상 초유의 사태를 접하는 아이들의 마음을 조금이라도 이해하려 노력했습니다.

  아빠 힘내세요!

  방호복 입은 모습 너무나 안타까워
  조금만 참으세요 좋은 날 올 거예요

아빠를 바라보는 눈 외면하지 마세요
(6부 - '아빠 힘내세요!' 전문 인용)

이제 코로나는 진정이 되었지만 그 후유증은 아직도 우리네 생활 곳곳에 남아있습니다. 파산한 자영업자들은 일용직 노동판으로 내 몰렸고, 의협 갈등은 지금도 이어지고 있는 해결해야 할 과제가 되었지요. 문제는 이런 팬데믹 사태가 언제든 또 닥칠 수가 있다는 것입니다. 잠시 진정이 되었다고 해서 방심하지 말고, 앞으로도 닥쳐올 수 있는 재난에 미리미리 대비해야 한다는 것이지오.

맑고 씩씩하게 자라나야 할 어린 아이들이 다시는 이런 재난에 직면하지 않도록, 기성세대인 어른들이 정쟁에만 몰두하지 말고, 정신을 바짝 차리고 대비해서, 우리의 미래인 어린 아이들이 마음 놓고 공부하고, 뛰어놀 수 있는 이 나라를 만들어야 한다고 생각합니다. 엄마 아빠와 함께 바닷가에도 가고, 명승지도 다닐 수 있도록 안전하고 쾌적한 나라를 만드는데 함께 힘을 모아야겠습니다.

감사합니다.

묵정밭

김권호 시조집

김권호 시조집

묵정밭

발 행 일	2025년 9월 25일
지 은 이	김권호
발 행 인	李憲錫
발 행 처	오늘의문학사
출 판 등 록	제55호(1993년 6월 23일)
주 소	대전광역시 동구 대전로 867번길 52(삼성동 한밭오피스텔 401호)
전 화 번 호	(042)624-2980
팩 시 밀 리	(042)628-2983
카 페	http://cafe.daum.net/gljang(문학사랑 글짱들)
인터넷신문	www.k-artnews.kr(한국예술뉴스)
전 자 우 편	hs2980@daum.net
계 좌 번 호	농협 405-02-100848(이헌석 오늘의문학사)

공 급 처	한국출판협동조합
주 문 전 화	(02)716-5616
팩 시 밀 리	(02)716-2999

ISBN 979-11-6493-399-0(03810)
ⓒ김권호 2025
값 10,000원

* 이 책의 판권은 저작권자와 오늘의문학사에 있습니다.
* 이 책은 ㈜교보문고에서 eBook(전자책)으로 제작하여 판매합니다.
* 잘못 제작된 책은 구입하신 서점에서 교환해 드립니다.
* 이 책은 충청북도, 충북문화재단 의 후원을 받아
 예술창작활동지원사업의 일환으로 발간되었음.